懐かしい京成沿線にタイムトリップ

1960〜80年代
京成電鉄の記録

諸河 久

1983年から採用となった白とブルーを基調に、窓下に赤帯を配する新カラーのAE形による上り
「スカイライナー」。左側に見える白地に赤文字の「AE9」は運行番号である。
成田空港（現・東成田）〜京成成田　1984.8.20

.....Contents

刈り取り途中の黄金色の実りを眼下に、築堤上を走るモハ3500形の4両編成。窓上下の帯に青が配されており、本書がメインテーマとする時代より10年ほど遅い時代の撮影である。京成臼井～ユーカリが丘　*1994.9.7*

表紙写真：1973年の運転開始時から約10年間、クリームとマルーンのシックなツートンカラーを装っていたAE形「スカイ
ライナー」。成田空港（現・東成田）〜京成成田　1982.2.2
裏表紙写真：上半分モーンアイボリー、下半分ファイアオレンジで、窓下にミスティラベンダーの細い帯を配する「赤電」
色は1959年登場のモハ3050形から1971年に製造されたモハ3300形まで採用された。
京成佐倉〜京成臼井　1967.10

はじめに

　筆者が初めて「京成」と出遭ったのは、地平ホーム時代の押上駅頭だった。柴又帝釈天に詣でる祖母のお供で、金町行き「青電」に乗った幼少時のおぼろげな記憶がある。

　長じてからは、1600形の引退やAE形の登場など、京成電鉄の節目には沿線に赴いてカメラを向けてきた。特急車だけでも1600形から始まり、AE形、AE100形、最新のAE形に至る4世代の特急列車の活躍を撮影したことになる。

　カラーブックスの版元であった保育社から『日本の私鉄シリーズ15　京成』の撮影依頼を受けたのは『日本の私鉄21　都営地下鉄』を上梓した1981年の晩秋だった。東京人にとって地の利を得た京成の撮影は、季節に合わせたライティングワークを応用できるなど、ストレスの少ないロケーションとなった。日本の私鉄シリーズで定番となった「コダック・コダクローム64」とキヤノンF-1の撮影機材を駆使して、AE形スカイライナーを始めとする京成電鉄の魅力を存分に描写することができた。

　「京成」は1982年5月に出版の運びとなった。執筆は車両部におられた早尾 興氏が担当された。沿線や車庫の撮影では広報課の立石凱男氏にもご尽力いただいた。本書は東武や小田急に比べると出版物が少なかったことも幸いして、京成ファンの必携書として1980年代を通じて愛読されてきた。

　あれから38年が経過した今春、株式会社フォト・パブリッシングから当時のカラーポジ作品を中核にして再編した「京成電鉄の記録」を上梓する運びとなった。充実した機材と機動力に任せて京成沿線の撮影地を踏破した1980年代の作品は、京成電鉄の魅力を十分にお伝えできることと確信している。

　筆者は高校時代から「京成」の撮影に親しんできた。そのハイライトは1964年8月にやってきた。特急「開運」号のハンドルを握る戸嶋一夫運転士のお招きで、京成上野～京成成田を結ぶ「開運」号に往復乗車・撮影する機会に恵まれたのだ。空調など考えられなかった暑い夏の日の記憶を紐解いて、その一端を回顧することができた。

　いっぽう、諸先輩が遺された1950年代からの貴重なモノクロームアーカイブスをグラフページに収録した。戦後の特急「開運」の幕開けから、都営地下鉄乗り入れ用の高性能車の登場など、いまでは「昭和の憧憬」となってしまった名シーンを沿線風景と共にお楽しみいただきたい。

2020年 夏

諸河 久

1章
コダック・カラーポジフィルムの記憶（1）
「AE形」と1600形「開運」

AE形が愛称名のない有料座席指定「特急」として運転を開始した下り初列車。運転台には出発式に際して贈られた花束が見える。京成臼井～京成佐倉　*1973.12.30*

新カラーとなったAE形。先頭車（1号車と6号車）の側扉脇には「sky liner」のエンブレムがつく。前面窓上部に遮光フィルムが貼られているが、ワイパーがまだ窓上に装備されている原形に近い姿。宗吾車庫　1985.8.30

印旛沼をバックに京成上野へ急ぐ新カラーのAE形「スカイライナー」。連結面寄り窓上にエンブレムよりも大きな「AIRPORT EXPRESS sky liner」の青いロゴが追加されている。京成佐倉～京成臼井　*1984.8.24*

この時代（1985年ごろ）はバブル景気以前で、海外旅行客も多いとはいえなかった。また空港へは成田空港駅（現・東成田駅）
からの連絡バス利用が不可欠であった。「スカイライナー」は空席が目立ち、開港当初の日中30分間隔が1985年10月のダイヤ
改正で40分間隔に減便されていた。京成臼井～京成佐倉　*1984.8.24*

複々線化された中川橋梁上で、都営地下鉄浅草線に直通するモハ3100形の急行西馬込行きとすれ違う下り「スカイライナー」。
青砥～京成高砂　1984.10.5

夏空のもと、成田空港から京成上野をめざす上り「スカイライナー」。AE形は6両編成だが、すべての車両の側扉は1箇所で、整ったサイドビューを誇った。京成酒々井〜大佐倉　1984.8.20

晩夏の高架線を快走する成田空港（現・東成田）へのAE形「スカイライナー」。日暮里を出ると成田空港または京成成田まで、
途中無停車運転だった。50km／h以上の速度域では、指定の速度に自動で運転制御する「定速制御」が有効に使われた。
京成成田〜成田空港（現・京成成田〜東成田）　1984.8.24

西日を受けて一路京成上野をめざす、オリジナルカラーの上り「スカイライナー」。1978年5月の新東京国際空港の開港と本線の延長開通を期して列車の愛称も「スカイライナー」となり、前面の表示もそれまでの「特急」から改められた。
京成臼井～志津（現・京成臼井～ユーカリが丘）　*1979.1.5*

京成成田から先の新規開業区間を行く「スカイライナー」。京成成田〜成田空港（現・京成成田〜東成田） *1982.2.2*

日暮里を出て、常磐線や山手線などの国鉄線（現・JR東日本線）をオーバークロスし、京成上野へラストスパート。この先で
地下線に入ると4両編成までしか停車できない博物館動物園駅（現在は廃止）があったが、もちろん通過した。
日暮里〜博物館動物園（現・日暮里〜京成上野）　1982.2.6

京成関屋付近では北側を東武鉄道伊勢崎線が並走する。東武線を走るのは、北千住を発車して終着浅草をめざす1800系急行「りょうもう」。京成関屋と東武線の牛田は隣接しており、駅名は違うが乗継割引の指定駅にもなっている。
京成関屋〜千住大橋　*1981.12.27*

荒川橋梁のプレートガーダー上を快調に走る下り「スカイライナー」。先頭はまもなく3連のワーレントラス部にさしかかる。
すれ違うのはモハ3500形の普通京成上野行き。京成関屋〜堀切菖蒲園　*1981.12.27*

印旛沼とその取水場をバックに京成上野をめざす上り「スカイライナー」。手前に広がる田んぼの稲の緑色が、クリームとマルーンのツートンカラーをいっそう引き立てる。京成佐倉〜京成臼井　*1984.8.20*

往年の「開運」号には、ただ1編成の専用車である1600形が運用された。1953年製で、マルーンの車体にイエロー帯の3両編成だった。吊り掛け式モーターの音を響かせて京成成田に向けて加速する。この撮影の翌月には「開運」号から引退し、一般車に改造された。京成臼井〜京成佐倉　1967.10

1600形はMc-M-Tc編成で、両先頭車が前パンタを装備する。上りの「開運」号の京成上野方はモハ1601。側扉は各車1箇所で、その位置は左右で点対称だった。京成佐倉～京成臼井　*1967.10*

2章

コダック・カラーポジフィルムの記憶（2）

「ステンレス車」と「赤電」

3000系「赤電」は、1980年2月から「赤電色」と称されたツートンカラーをファイアオレンジの単色に、窓下の帯枠内をモーンアイボリーとする塗色に変更した。塗色がライトグレー主体になるのは1993年以降のこと。1980年代は単色の「新赤電色」の時代である。京成臼井〜京成佐倉　*1980.9.12*

3600系は一般車で初の回生ブレーキ付界磁チョッパ制御装置、ワンハンドル式主幹制御器、下枠交差式パンタグラフを採用した。先頭車を制御車（クハ）とする6両固定編成も、一般車では初めてのことである。車体はオールステンレス製の無塗装で、窓の上下にファイアオレンジの帯を通し、「赤電」の系譜にあることを主張している。宗吾車庫　*1982.6.14*

窓下に前照灯と尾灯を並べ、窓上に標識灯を配し、幕板の中央に行先表示幕、貫通扉に種別表示幕を備える3600系の前面レイアウトは、左に見えるモハ3500形とは一線を画する。後期の「赤電」の更新修繕では、このレイアウトが基本となった。
青砥～京成高砂　1985.10.3

140kWの複巻電動機、回生ブレーキ付界磁チョッパ制御装置を備え、従来の「赤電」やモハ3500形から大幅にレベルアップした性能も、実は1972年に登場した特急車AE形にほぼ近いもの。当時最先端の性能を誇り、1974年の鉄道友の会「ブルーリボン賞」を授与されたAE形「スカイライナー」に、一般車は約10年遅れで追いついた格好となった。
四ツ木〜荒川（現・四ツ木〜八広）　*1989.1.11*

モハ3500形は「赤電」の性能を踏襲しつつ、冷房装置を搭載し、車体をスキンステンレスの無塗装とした。1972年から1982年までの10年間に4両編成24本が登場し、一大勢力を築いた。ただし、3500形以外との連絡はなかった。2本を連結した8両編成で荒川橋梁を行く、都営地下鉄浅草線直通の急行西馬込行き。四ツ木〜荒川（現・四ツ木〜八広）　*1982.8.11*

船橋市内の住宅地を走るモハ3500形の京成千葉（現・千葉中央）行き。すれ違うのは新カラーの上り「スカイライナー」。行先表示幕は、右ページ写真のようにもともと白地に黒文字であったが、後年青字に白抜き文字となり、書体も丸ゴシックのナール体に揃えられた。種別表示は、当初から色文字も使用していた。京成中山〜東中山　1985.10.5

千葉線の現在ならば幕張本郷付近を走るモハ3500形。右を走るのは国鉄（現・JR東日本）総武緩行線の101系。
京成津田沼〜京成幕張（現・京成津田沼〜京成幕張本郷） 1982.2.7

モハ3150形からモハ3500形までの「赤電」は４両編成でも、２両ずつの分割が可能な機器構成をしていた。単独の４両編成
のほかに、4＋2または２＋4の６両編成、4＋4の８両編成が組めた。複々線化工事中の中川橋梁を行く２＋4の６両編成によ
る急行京成上野行き。京成高砂〜青砥　*1982.2.9*

モハ3300形の一次車(3301〜3316)による普通京成大和田行き。このグループには種別・行先表示装置がなく、外観では3200形との判別が難しい。車内では座席の袖仕切りが、網棚、吊り手棒と一体の縦手すりとなっているのが相違点だった。
町屋〜千住大橋　*1984.10.8*

モハ3300形の二次車以降（3317～）は、前面の幕板中央と側面窓上に種別・行先表示装置を取り付けた。また、台車がコイルバネに変更されている。印旛沼畔を走る、白地幕のころの特急京成上野行き。種別幕の文字が小さいせいか、貫通扉の種別表示も残されている。京成佐倉～京成臼井　1981.11.29

モハ3300形はモハ3200形二次車を踏襲しており、中間車にパンタグラフと制御器を搭載する。この写真を見ると、中間2両の床下の装備がほとんど同じであることがわかる。京成津田沼〜京成幕張（現・京成津田沼〜京成幕張本郷）　1982.2.7

モハ3300形は経年が比較的浅かったので、1984年から車体の更新修繕にともなって、冷房装置の取り付けを行った。能力は10500kcal（12.21kW）/hで、補助電源装置と空気圧縮機はモハ3500形に倣い先頭車に搭載された。荒川橋梁のトラスを抜けた冷房改造車の6両編成による特急成田空港（現・東成田）行き。京成関屋〜堀切菖蒲園　1985.8.23

モハ3200形は前面が曲面から三面の折妻になった。光線の具合で、折線の存在がよくわかる。「フーテンの寅さん」で知名度の高い柴又駅を発車する普通押上行き。この写真の頃に上映されていた『男はつらいよ』は第28作『寅次郎紙風船』。ちなみに、マドンナは女優の音無美紀子だった。柴又駅　*1981.12.3*

京成金町駅を発車したモハ3200形の押上行きが、国道6号線（水戸街道）を横断する。金町線の京成金町～柴又間は1913年まで営業していた帝釈人車軌道（1912年に特許を当時の京成電気軌道に譲渡）の廃線跡を利用しており、京成では珍しい単線区間である。京成金町～柴又　1985.8.29

モハ3200形の冷房装置搭載改造は1985年から開始された。経年を考慮して、同時に車体の更新修繕が行われた。大きく変わったのは前面デザインで、3600系に範をとって前照灯を窓下に移して尾灯と並べ、車番と標識灯は窓上に移動し、その間に行先表示装置を設置した。種別表示は電照字幕式となって貫通扉の内側に収まった。窓下のステンレス帯は灯具類と重複するので、乗務員扉の先で断ち切られた。側窓はモハ3500形と同じ、引っかけ式のユニット窓になっている。
京成白井〜京成佐倉　1990.7.19

モハ3200形から運転台の床が10cm高くされ、これにともない前面窓ガラスの天地寸法がやや小さくなった。モハ3221の編成
は、モハ3500形まで続く先頭車の運転台寄りの台車に主電動機を搭載しない通称「6M車」の試作車である。
千住大橋～京成関屋　*1984.10.8*

千葉線の検見川橋梁を渡るモハ3100形一次車 (3101 〜 3116)。新製当初のモニタ式の二重屋根は後年になって、通風器が付いた一般的な屋根に改造された。これはモハ3000形、モハ3050形、モハ3100形に共通である。1980年から1982年にかけて更新修繕を行い、半数が運転台を撤去され中間車化された。冷房装置の搭載は1987年以降である。京成幕張〜検見川　*1985.10.8*

「青電」のクハ2100形、モハ210形もファイアオレンジの単色化が行われた。窓下にはステンレス帯の縁取りはないが、モーンクリームの帯も入れられた。遠目に見ると本来の「赤電」そっくりだが、右のモハ3100形（更新修繕後）と比べると、車幅が狭いほか貫通幌がなく、窓の天地寸法が大きいので見分けられる。京成津田沼　1982.2.5

屋根の一段化は行われているが、更新修繕前で原形に近いモハ3100形。1980年代になると経年が20年を超えたため、モハ
3000形、モハ3050形に次いで更新修繕が行われた。写真の3105以下の4両は、1982年に一次車では最後に施工された。
京成小岩～江戸川　*1981.12.3*

モハ3150形は1983年から更新修繕を行ったが、同時に冷房装置の搭載、運転台床のかさ上げ、前照灯、尾灯の位置変更など
モハ3200形（52ページ参照）に準ずる前面の整形が行われた。更新修繕前の6両編成による成田空港（現・東成田）発の、都営
地下鉄浅草線の西馬込行き急行。めくり式行先表示の縁取りが八角形なのは、浅草線の行先すべてに共通する。
成田空港〜京成成田（現・東成田〜京成成田）　*1982.2.2*

1976年から更新修繕を行ったモハ3050形と並ぶ、更新前のモハ3100形二次車。モハ3050形はモハ3000形よりも早く、1976年から更新修繕を行った。半数が中間車化されて、2両ずつに分割ができる4両編成となった。また前照灯のシールドビーム2灯化、運転台床のかさ上げと前面窓の下部100㎜の切り上げ、標識灯の急行灯・尾灯兼用化（角型2灯になる）、埋込幌の着脱式への変更が行われた。宗吾参道駅　1981.11.29

車体の更新修繕後のモハ3050形による6両編成の急行京成佐倉行き。モハ3067は帝国車輌で製造され、軸ばね式のコイルバネ台車FS329を履いている。主電動機は東洋電機製で、TDカルダン駆動である。江戸川〜国府台　*1981.12.3*

車体修繕後の４両編成による急行京成佐倉行き。モハ3055は日本車輌で製造され、ウイングばね式のコイルばね台車を履く。主電動機は三菱電機製で、駆動方式はWN。同一形式内で台車、主電動機、駆動装置が２種類あるのが「赤電」モハ3000形からモハ3300形までの特徴の一つ。台車の形態により主電動機と歯車比が違うが、両者は問題なく混結できた。
谷津～京成津田沼　*1985.10.8*

日暮里駅を発車した車体修繕後のモハ3000形による特急京成上野行き。修繕の内容はモハ3050形とほぼ同じだが、6両編成を考慮して、3ユニットが両方の運転台を撤去した。モハ3000形の運転台付き先頭車は14両中4両のみになった。形態はモハ3050形とほぼ同じになり、両形式の混結も日常的に行われた。日暮里～博物館動物園（現・日暮里～京成上野）　*1981.12.26*

都営地下鉄に乗り入れができない「青電」で、ファイアオレンジの単色塗装になったのはクハ2100形（クハ2000形1両を含む）とモハ210形からなる4両編成5本のみである。1932年製のモハ210形が1967年の更新修繕で車体とともに電機品や台車を一新し、TDカルダンまたはWN駆動に高性能化されていたことと、1952年製のクハ2100形も1971年に更新修繕されていたことが、長寿命の要因と考えられる。全車が廃車になり、旧「青電」が消えたのは1988年3月だった。
千住大橋〜京成関屋　1985.8.29

クハ2100形とモハ210形の4両編成は、地下鉄乗り入れ列車のない金町線や千葉線の普通で運用されることが多かった。
柴又〜京成金町　*1985.8.29*

3章
コダック・カラーポジフィルムの記憶（3）
ツートンカラーの「赤電」と「青電」

「赤電」といえば、やはりこの華やかなツートンカラーがもっともしっくりくる。モハ3300形による急行西馬込行き。
先頭に立つ3356はモハ3300形のラストナンバーで、つまり「赤電」の最終編成である。
京成臼井～志津（現・京成臼井～ユーカリが丘）　*1980.9.12*

車体を更新修繕後のモハ3050形による急行成田空港（現・東成田）行き。6両貫通編成なので、3両目と4両目はモハ3000形の運転台撤去車である。この直後に「新赤電色」に塗装変更されている（62ページ参照）。京成臼井〜京成佐倉　*1980.9.12*

モハ3300形に続いて、行先・種別表示装置を取り付けたモハ3150形。それ以外は、前面窓も大きく原形に近い。 ４両編成の
特急成田空港行き。京成臼井～京成佐倉　*1980.9.12*

「赤電」色はこうした風景にもすっと溶け込む印象がある。チューリップ畑やオランダ風車などが設置前の印旛沼畔を快走する6両編成のモハ3300形。京成臼井〜京成佐倉　1980.9.12

中間に戦災復旧のクハ2000形を連結した「青電」塗装のモハ510形。行先の代わりに「荷」を表示して、京成上野発着の行商人専用電車に運用中。この編成は1974年9月に廃車になった。京成酒々井～宗吾参道　*1973.12.30*

モハ700形704とクハ2200形2203は高性能車の試作車だが、1974年にモハ1600形1602とともに行商人専用車に改造された。写真でも見えるが、車内に保護棒の設置などを行った。1981年11月にモハ1602が編成を外れ、それ以降は2両編成で運用された。行商人専用電車は一般車で代用することとなって1982年2月に廃止となる。この編成が最後の「青電」塗装車であった。
京成臼井〜京成佐倉　*1981.11.29*

レール運搬用のチ５形２両をはさんで、４両編成で走る無蓋の電動貨車モニ20形。事業用車の塗装は紺色で、窓下に黄色帯。
同様のスタイルで片運転台、ホッパ構造のモニ10形も在籍した。京成臼井〜ユーカリが丘　*1997.10.12*

4章
モノクロームの世界（1）
「AE形」の系譜

1970年代の京成を代表するAE形特急「スカイライナー」（右）とステンレス車体の一般車3500形。
宗吾車庫　*1973.12.30*

AE形は1966年に建設が決まった新東京国際空港（成田空港）のアクセス用特急車として、1972年10月に予定された開港に間に合うよう、1971年度から製造された。入線後は本線試運転をくり返し、1600形「開運」号以来となるマルーンとクリームのツートンカラーの流線形車体を沿線にお披露目し、新型特急をアピールした。*京成臼井〜京成佐倉　1972.2.12*

1972年2月に完成した第1編成。宗吾車庫に搬入され、検修庫のなかで調整中のシーン。
1972.2.12

新東京国際空港の開港を待たずに、1973年12月30日から赤電3200形による「開運」号に代わって、京成上野～京成成田間で営業運転を開始したAE形。愛称名が入るスペースには紺地に白文字で「特急」と表示された。営業初日の上り列車。
宗吾参道～京成酒々井　*1973.12.30*

新東京国際空港の開港は長年にわたる大規模な反対運動の影響を受けて、1978年5月までずれ込んだ。開港の翌日に本線の京成成田〜成田空港（現・東成田）間が延長開通し、AE形は本来の役割である都心と空港を結ぶアクセス特急「スカイライナー」としての活躍が始まった。西日を受けて空港をめざす下りAE形。
志津〜京成臼井（現・ユーカリが丘〜京成臼井）　*1979.1.5*

1973年12月に改良工事が成った京成上野駅3番線に到着した営業初日の上り「特急」。*1973.12.30*

5章

モノクロームの世界（2）
特急「開運」の軌跡

京成成田駅の特急ホームで発車を待つ1600形特急「開運」号。*1964.8.18*

昔から成田山へは正五九参りといって、正月、五月、九月と、年に3回ご参詣するのがご利益（りやく）があるとされてきた。また、2月の節分会、豆まきも有名だ。参詣客が大幅に増える時期には1編成しかない1600形に加えて、1952年の「開運」号運転開始時から充当されてきた、1941年製のクロスシート車1500形が臨時「開運」号として運転された。
船橋競馬場前〜谷津遊園（現・船橋競馬場〜谷津）　1961.2　撮影：吉村光夫

1600形の正面。窓下の金色の羽根を配したヘッドマークが印象的。京成成田駅　*1964.8.18*

1600形は「開運」号が運転を開始した翌年（1953年）に2両編成の専用車として登場。湘南型をアレンジした前面、マルーンを主体にクリームの帯が上下に入る塗装、一段窓が並ぶ側面など端正な外観で人気を集めた。車内は簡易リクライニング機能付きの全クロスシートで、21型テレビ受像機も備えていた。高性能車時代よりも一足早く登場したため、足回りは従来と同じ吊り掛け式駆動だった。日暮里～博物館動物園（現・日暮里～京成上野）　1953.6　撮影：吉村光夫

1957年に中間電動車を増備して3両編成となった1600形。この中間車にはパンタグラフがなく、京成成田方先頭のクハ1602に搭載された。1967年11月に「開運」号が、3150形・3200形のセミクロスシート車に代わるまで活躍した。
京成大久保～京成津田沼　1957.5　撮影：吉村光夫

京成上野駅３番ホームに停車中の1600形「第一開運号」。ヘッドマークが電照式であることがよくわかる。*1964.8.18*

1600形は窓配置が非対称で、車掌台側は直後から座席があり、大きな仕切窓で見通しがよかった。上りの「第1開運号」とすれ違うのは、モハ200形の急行京成成田行き。宗吾参道～京成酒々井　1964.8.18

下り「第1開運号」の車内風景。天井中央に車内灯、両脇に扇風機、各窓の上に読書灯が備わる。座席は簡易リクライニングシートで、前方、乗務員室の仕切上部にテレビ受像機が見える。8月は成田山にとって閑散期である。1964.8.18

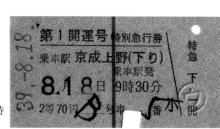

「第1開運号」の特急券。料金は70円。当時の京成上野～京成成田間の運賃は160円。

京成上野へ向けて、京成成田駅の6番線（特急ホーム）で待機する上り「第一開運号」。往路の下り「第一開運号」は駅本屋に近い1番線に到着した。この日の運転は旧知の戸嶋一夫運転士が担当された。*1964.8.18*

1963年に登場したモハ3150形の最後の４両は、他車と同じ窓配置の３扉の赤電ながら、扉間に片側２組のボックスシートを備えたセミクロスシート車になった。座席の関係で、都営地下鉄への乗り入れはできなかった。特急用の1600形専用車の検査代走として、何らかの理由で都営地下鉄新橋行きの方向板を掲げた上り「開運」号。ヘッドマークも正規のものとは違っている。京成小岩〜京成高砂　1964.2.23

1600形専用車の時代、臨時として運転されたモハ3150形セミクロスシート車の下り「瑞光」号。電照式のヘッドマークを掲げている。京成臼井〜京成佐倉　*1967.9*　撮影：飯島 巖

モハ3150形に続くモハ3200形は両開き扉となったが、末尾91〜98の8両は老朽化した1600形の代替として、3150形と同じ片開き扉のセミクロスシート車となった。中間車にトイレと車内販売の控室を設けているのが特徴。「赤電」塗装のまま電照式のヘッドマークを継承し、1967年11月から1600形に代わって「開運」号に使用された。中央扉上には青地に白文字で「指定特急」と表示して、AE形に置き換わる1973年12月まで活躍した。
日暮里〜博物館動物園（現・日暮里〜京成上野）*1970.9.23*　撮影：荻原二郎

初代「開運」号の1500形は1963年に３扉化とともに、座席をロングシート化し、完全な一般車となった。両先頭のモハ1502、1503は車体を新製。1967年に新京成電鉄へ移籍している。京成成田駅　*1964.8.18*

1600形は1968年に車体を新製して、３扉ロングシートの一般車となった。モハ1602（元モハ1601）とクハ1601（元クハ1602）の２両はアルミニウム車体の試作車となり、モハ700形＋クハ2200形の中間に編成された（クハ1601は運転台のない中間車だが、当時の京成はサハという記号を使っていなかった）。1974年９月にクハ1601が廃車となり、その後は行商人専用車として、1981年11月にその生涯を終えた。写真は引退後、宗吾車庫で保管中のモハ1602。*1982.2.2*

6章
モノクロームの世界（3）
「青電」の活躍

モハ600形は1948年に登場した戦後の運輸省規格形車両。1962年から車体更新が行われて、遠目には見分けにくいが、クハ2100形やモハ700形に似た全金属製の車体になった。京成臼井～京成佐倉　*1972.2.12*

モハ100形は成田までの延伸にともない、1926年に当時としては大量の25両が登場した。京成初の半鋼製車両で、16メートル級3扉、架線電圧600Vと1200Vに対応する複電圧車であった。平凡な左右対称の窓配置だったが、後年の車体更新によって、京成スタイルと称される左右非対称の窓配置となった。1963年から全車が新京成電鉄に移籍し、1987年まで活躍した。更新前のモハ100形による「護摩」のヘッドマークを付けた急行京成上野行き。
京成成田〜宗吾参道（現・京成成田〜公津の杜）　1955.5.5　撮影：森岡 徹（筆者所蔵）

クハ2000形は、国鉄から譲受した戦災車（多くはクハ65形）の車体幅を200mm切り詰めて復旧した車両。中央で唐竹割りしたため、貫通扉が極端に狭くなった。元のクハ65に張り上げ屋根のもの（上）、普通屋根のもの（下）があった。1957年から車体新造によって、クハ2100形に似た全金属製車となった。この形式にも新京成電鉄に移籍した車両がある。
日暮里～博物館動物園（現・日暮里～京成上野）　1954.10.14　撮影：森岡 徹（筆者所蔵）

海水浴のヘッドマーク急行「涼風」を掲示した千葉行きクハ2003。京成高砂駅　1952.8　撮影：吉村光夫

京成の戦災復旧車は4両（モハ109、モハ210、クハ507、モハ512）で、国鉄のモハ63形に似た切妻、三段窓、左右対称の窓配置の車体を新製した。1951年の桜木町事故後、二段窓化された。モハ109は新京成電鉄に移籍して、その後車体を更新したが、京成に残った3両は最後までこのスタイルを維持した。
日暮里～博物館動物園（現・日暮里～京成上野）　1953.4　撮影：吉村光夫

モハ210は地下駅となった押上駅へ入るために、1961年に全金属製車体に改造し、雨どいの位置が上がった。その後、モハ511と番号を交換、晩年は前述のモハ512、クハ507とともに、行商人専用車として運用された。写真は専用車時代で「荷」を表示している。京成高砂駅　1964.2.23

当初は乗務員扉がなかった500形、510形だが1960年から特別修繕を行い、両側に乗務員扉を設け、貫通幌を取り付けた。後年の車体更新でモハ700形に準ずる全金属製車体となった。新京成電鉄に移籍したうちの一部は車体更新せず、この非対称窓配置のまま廃車になった。京成成田〜宗吾参道（現・京成成田〜公津の杜）　1964.8.18

左右非対称の窓配置は「京成スタイル」といわれ、1931年製のモハ200形から採用されたもの。両側面で扉の位置が違うのが特徴。1933〜34年製の500形、510形は、そのモハ200形のクハとして登場し、のちに半数以上が電動車化された。
堀切菖蒲園駅　1960.10.1　撮影：飯島 巌

モハ700形は1954年にクハ2200形との2両編成で登場した。1952年に登場したクハ2100形を踏襲し、ノーシル、ノーヘッダー、張り上げ屋根の近代的な外観を持つ。まだ吊り掛け式駆動だが、一部に高性能車の試作的要素も盛り込まれた。
京成小岩〜京成高砂　1964.2.23

1954年から登場したモハ750形は発電ブレーキ付で多段式制御装置を備え、TDカルダンまたはWN駆動の京成初の量産型高性能車。クハ2250形と3両（後に4両）編成を組んだ。意外なほど短命で、1972～73年にかけて廃車された。
京成高砂～青砥　*1964.5.31*　撮影：飯島 巌

モハ700形は後年、不燃化のため全金属製の車体に更新された。一部は新京成電鉄へ移籍したが、行商人専用車となった1両を除いていずれも1985年までに廃車となった。京成成田～宗吾参道（現・京成成田～公津の杜）　*1964.8.18*

7章

モノクロームの世界（4）
全盛時代の3000系と
ステンレス車の時代

都営地下鉄乗り入れ用車・赤電の始祖であるモハ3050形。京成成田〜宗吾参道（現・京成成田〜公津の杜）
1964.8.18

都営地下鉄の開通に合わせて、京成は全線の軌間を1372mmから1435mmに変更する一大改軌工事を行った。1958年に登場したモハ3000形は都営地下鉄乗り入れ用第一号で、カルダン駆動、電空併用ブレーキを採用した2両固定編成の高性能車である。車体は乗り入れ規格に合わせて大型化し、客室に軸流送風機を備え、屋根はモニタ通風器が付く二段構造となった。1960年12月の地下鉄開通までは従来車と同じ緑の濃淡塗装、いわゆる「青電」で、改軌工事未着手の1372mm区間に投入された。並走するのは国電総武線のクハ79形の1956年度新製車。

京成幕張〜京成津田沼（現・京成幕張〜京成幕張本郷）　1959.12　撮影：道村 博

1964年10月1日に延伸された都営地下鉄1号線（現・浅草線）大門駅の1番線で津田沼に折り返すモハ3050形。*1964.10.1*

「赤電」は都営地下鉄乗り入れ仕様車の専用塗装で、右のモハ3000形は改軌工事が終わった後に「赤電」となり、地下鉄乗り入れに加わっている。両形式を見分けるポイントは前照灯の大きさ。大きい白熱灯が3000形（右）、小型のシールドビームが3050形。
高砂車庫　1961.5.14　撮影：飯島 巌

東京都交通局初の高速電車である5000形の東中山行きと顔を合わせた押上に向かう3000形。
京成立石駅　1960.12.4　撮影：飯島 巌

赤電塗装になったモハ3000形4両編成の準急京成成田行き。運転台窓下のめくり式行先表示は行先によって赤い縁取りのデザインが違っていた。ちなみに、青電もデザインは同じだが縁取りが濃緑色だった。
宗吾参道～京成成田（現・公津の杜～京成成田）　1964.8.18

モハ3150形は1963年から登場した赤電初の4両固定編成。2両ずつにも分割できる。屋根は角型通風器の1列配置で、普通の一段式となった。前面のデザインが大きく変わっているが、前照灯を2灯化して窓上の左右に振り分け、車掌台窓上の運行標示を車内に移したのはモハ3100形から始まった。高砂車庫　1964.2.23

1964年に登場したモハ3200形は、性能はモハ3150形と同じだが、制御装置を2両の中間車に搭載した。車体は側扉を1300mm幅の両開きとして、窓配置が大きく変わった。前面デザインも曲面妻から三面の折妻となってシャープな印象となった。3221以降は先頭車運転台寄りの台車にモーターを搭載しない「1ユニット6モーター方式」という京成独特の機構を採用した。京成臼井〜京成佐倉　1973.12.30

「１ユニット６モーター方式」のグループはモーター出力を75KW（375V）から100KW（500V）に増強している。実質的には３Ｍ１Ｔ編成となるが、出力は従来の赤電と同じである。誘導無線のアンテナがついて屋根上がにぎやかになった。旧駅時代の宗吾参道駅に停車する４両編成の急行京成上野行き。*1973.12.30*

1968年に登場したモハ3300形はモハ3200形の3221以降を踏襲している。5編成目の3317以降はコイルバネ台車に変更されたほか、前面の幕板（貫通扉の上）と側面の扉間に種別・行先表示装置が設けられた。めくり式の行先表示がない急行京成佐倉行き。京成臼井〜京成佐倉　*1972.2.12*

1972年に登場したモハ3500形はモハ3300形の性能を継承しつつ、台車が空気バネに戻り、冷房装置が付いたステンレス車となった。デザインは機能優先といえ、縁取りをした切妻の前面で、前灯が窓下に移った。ステンレス無塗装の車体なので「赤電」とは言いがたいが、ファイアオレンジの帯を幕板と窓下に通している。4両編成24本、96両の大所帯で、このうちの10両はオールステンレス車体だが、外観で見分けるのはむずかしい。高砂車庫　1982.2.8

3600系は3500形に次いで1982年から登場しオールステンレス車となった。先頭がクハの4M2T、6両固定編成だが、8両化を考慮している。側窓が一段下降式となり、窓配置が変わった。前面も縁なしの三面折妻で、前灯と標識灯を並べる新しいデザインとなった。行先と種別の表示が分離され、種別は電照字幕式で貫通扉へ移った。登場直後の姿。高砂車庫　*1982.6.11*

クハ3600形3601のサイドビュー。上下の帯色はファイアオレンジで「赤電」の名残をとどめている。一段下降式窓、片板バネ式軸箱支持の空気バネ台車、界磁チョッパ制御装置のうち一つ以上は、1970年代前半から80年代半ばにかけて、民鉄各社で採用された。宗吾車庫　*1982.6.14*

公式試運転から帰庫した3600系と3500形が検修庫で顔を合わせる。10年間の進歩が見て取れる。宗吾車庫　*1982.6.14*

3600系の公式試運転列車。一部の区間で宣伝撮影用に「特急上野行き」の方向幕を掲出して運行された。
京成佐倉〜京成臼井　1982.6.14

【著者プロフィール】

諸河 久（もろかわ ひさし）

1947年東京都生まれ。日本大学経済学部、東京写真専門学院（現・東京ビジュアルアーツ）卒業。

鉄道雑誌「鉄道ファン」のスタッフを経て、フリーカメラマンに。

「諸河　久フォト・オフィス」を主宰。国内外の鉄道写真を雑誌、単行本に発表。

「鉄道ファン／CANON鉄道写真コンクール」「2020年　小田急ロマンスカーカレンダー」などの審査員を歴任。

公益社団法人・日本写真家協会会員　桜門鉄遊会代表幹事

著書に「カラーブックス　日本の私鉄15　京成」・「オリエント・エクスプレス」（保育社）、「都電の消えた街」（大正出版）、「総天然色のタイムマシーン」（ネコ・パブリッシング）、「モノクロームの東京都電」・「モノクロームの軽便鉄道」（イカロス出版）、「モノクロームの私鉄原風景」（交通新聞社）など多数があり、2020年5月にはフォト・パブリッシングから「京阪電車の記録」を上梓している。

【写真解説】

岸上明彦

【作品提供】

荻原二郎、吉村光夫、道村 博、森岡 徹、飯島 巖（順不同）

【編集協力】

田谷惠一

【モノクローム作品デジタルデータ作成】

諸河 久

1960～80年代
京成電鉄の記録

2020年8月10日　第1刷発行

著　者‥‥‥‥‥‥‥‥諸河 久

発行人‥‥‥‥‥‥‥‥高山和彦

発行所‥‥‥‥‥‥‥‥株式会社フォト・パブリッシング

　　　　　　　　　　〒161-0032　東京都新宿区中落合2-12-26

　　　　　　　　　　TEL.03-6914-0121 FAX.03-5955-8101

発売元‥‥‥‥‥‥‥‥株式会社メディアパル（共同出版者・流通責任者）

　　　　　　　　　　〒162-8710　東京都新宿区東五軒町6-24

　　　　　　　　　　TEL.03-5261-1171 FAX.03-3235-4645

デザイン・DTP‥‥‥‥柏倉栄治（装丁・本文とも）

印刷所‥‥‥‥‥‥‥‥サンケイ総合印刷株式会社

ISBN978-4-8021-3197-1 C0026